CRÊ EM MIM

Lorenza

CRÊ EM MIM

MADRAS

© *by* Madras Editora Ltda.

Supervisão Editorial e Coordenação Geral:
Wagner Veneziani Costa

Produção e Capa:
Equipe Técnica Madras

Ilustração da capa:
Eight Point Comunicação Ltda.

Revisão:
Cristiane Schlecht
Monica Guimarães Reis

Áudio:
Estúdio Canal-Voz   Técnico de Gravação: Paulo Fracaroli
                    Locução: Eglée Nemes de Carvalho

ISBN 85-7374-245-3

Proibida a reprodução total ou parcial desta obra, de qualquer forma ou por qualquer meio eletrônico, mecânico, inclusive por meio de processos xerográficos, sem permissão expressa do editor (Lei nº 9.610, de 19.02.98).

Todos os direitos desta edição, para a língua portuguesa, reservados pela

MADRAS EDITORA LTDA.
Rua Paulo Gonçalves, 88 — Santana
02403-020 — São Paulo — SP
Caixa Postal 12299 — CEP 02098-970 — SP
Tel.: (0_ _11) 6959.1127 — Fax: (0_ _11) 6959.3090
http://www.madras.com.br

Prefácio

Preito de Gratidão

Ah! Querida Lorenza, quanto e quanto te devo! Pelo carinho, pela doçura que me dás quando estou passando por dissabores, problemas, tristezas... Quando busco caminhos, respostas e não sei como agir. Quando minhas lágrimas correm e não encontro meios para estancá-las... Então, eu te vejo envolta em luzes de amor e paz!

Vejo tuas mãos estendidas dizendo-me: "Vem, filha, não estás só! Dá-me tuas mãos e juntas subiremos a tua montanha. De lá de cima, verás que teus problemas, dissabores e tuas pedras transformar-se-ão em pequeninos detalhes. Verás que é fácil transpô-los quando se tem caminhos e respostas certas.

Não posso tirar tuas pedras, mas posso tornar mais suave teu caminho, dando as chaves certas para abrir as portas, mostrando o 'tempo do antes que aconteça', ensinando como não caminhar em círculos, como conversar e ajudar amigos e inimigos, mostrando a eles como subir os degraus da evolução".

Tanto aprendi o que ensinaste que me tornei um SER HUMANO EM PÉ, apto para propagar teus ensinamentos para pessoas que estão mais perdidas do que eu.

Icei tua bandeira, falando de ti, pondo em livros as mensagens que me deste. E, quando és Maria, mais me agasalho em ti, mais procuro entender as pessoas, fazendo-as subirem a montanha do entendimento, para que, como eu, se tornem SERES HUMANOS EM PÉ.

Eu te amo e agradeço profundamente pelo que fizeste por mim.

Meu muito obrigado!

Eglée

Introdução

Assim estava escrito...

"Lorenza veio e viu seu povo disperso sob um sol escaldante. Mortos sem sepultura; moribundos sem palavras; bocas sem água, e doentes e desesperados sem rumo.

Sob seu cetro, de novo os reuniu. Enterrou os mortos; aos maus expulsou; deu palavras aos moribundos; deu consolo aos desesperados; deu rumo aos perdidos; deu água às bocas ressequidas; deu fé aos que a tinham perdido... Reuniu-os.

Deu-lhes direção, seguindo com eles algum tempo. Quando o brilho voltou, duas lágrimas suas juntaram-se às derramadas.

Deixou-os...

E assim foi cumprido".

Oração

Crê em Mim

Crê em Mim.
Dê-me tuas mãos,
os caminhos se abrirão,
as montanhas tornar-se-ão campos;
as tempestades, ventos tépidos.

Crê em Mim,
vem, escuta-me e terás Paz.
Crê em Mim e entenderás melhor
o que te for reservado.
Do passado esquecerás a
amargura e do futuro
esquecerás a incógnita.

Crê em Mim,
e que tuas preces dentro da noite
recebam a força de mil olhos.
Que tuas lágrimas, transformadas em Vermelho,
sejam devolvidas em Azul e Branco.

Crê em Mim,
que Eu sempre estarei em ti.

Lorenza

CRÊ EM MIM

⚜ Meu nome é *"Lorenza"*, aquela a quem vós podeis pedir.

⚜ O que vos ensino são como vitaminas para as almas que choram.

⚜ Almas que choram… quantas delas conheceis… quantas choram escondidas no recanto da noite e se fecham em seu próprio ser. Largando de ver que, se conseguissem ajudar a alguém, estariam ajudando a si próprias.

⚜ O que Eu vos dou são como Gotas de Sabedoria, são como as vossas Vitaminas; ingeri-as dia após dia. Que elas fortaleçam vossa alma para que seja limpa, seja clara e tenha muito amor para dar.

⚜ Eu vos darei um caminho iluminado, mas quando tudo estiver parado no meio da escuridão, lembrai: *Eu sou a Luz*.

⚜ Sou sinônimo de paz, pois meu amor não tem fronteiras nem correntes para vos aprisionar.

⚜ Vinde a Mim e contai-me o que tanto vos atrapalha a vida, o que vos fere o coração e o que não consegues entender. Vinde! A casa está aberta e meus braços são vossos. Eu vos afagarei e escutarei.

⚜ A Mim não importa nem religião nem cor nem diferenças sociais; importa apenas o Ser Humano que está caído, seja posto em pé, para que depois possa, sozinho, percorrer o caminho que lhe faltar.

⚜ Crê em Mim, que Eu sempre estarei em ti.

⚜ Levai-me por onde andardes, para que Eu possa brotar e para que Eu possa viver.

⚜ Vinde, subi comigo a Montanha Sagrada, e então sabereis: *o que, como e onde fazer*.

⚜ Vossa vida não é fácil, sabeis que não é. Tereis que subir montanhas e montanhas, para só depois, poderdes esparramar vosso saber e vossa alegria.

⚜ Eu estarei convosco em vossas vidas e em vossos lares tecendo uma teia de ensinamentos que vos proteja e vos reúna num elo maior.

⚜ Dou-vos a vossa terceira missão, que é o olhar vigilante dos vossos sentidos: atentai sobre o que pensais, sobre o que dizeis, sobre o que sofreis, mas quando tudo estiver fora de controle, lembrais, Eu estou aqui, Eu sou aquela que veio para colocar o Ser Humano em pé.

⚜ Tecendo com o *Fio de Ouro da Aranha* a Paz, o Amor e o Equilíbrio, estareis implantando uma *NOVA FILOSOFIA DE VIDA*, propiciando através desta seiva a recuperação do Ser Humano.

⚜ Uni vossos elos com a *Força Maior* para que ela limpe todo o vosso ser, e que com as vossas mãos seja feita uma corrente maior, a *corrente da confraternização*.

⚜ Neste mundo de tamanho desamor, Eu abençôo as pessoas que conseguiram, numa luta enorme, implantar a minha *NOVA FILOSOFIA DE VIDA*.

⚜ **7** é o meu dia. Foi o dia em que Eu vim, sendo que 7, 17 e 27 são signos de minha força.

⚜ Tirei os números: 7, 17 e 27 da minha própria força.

7 = sou Eu;

17 = 1 + 7 = **8** = sois vós;

27 = 2 + 7 = **9** = serão os que virão a vós.

⚜ Aos **8** cabe a missão de transmitir a *NOVA FILOSOFIA DE VIDA* que vos ensino.

⚜ Os **9** serão, então, uma grande força que unidos, tomarão conta de toda Força Universal.

⚜ Filhos, Eu sou para vós o que vós sereis para os **9**: uma *Luz na escuridão*.

⚜ Vossa missão é um caminho de agruras. Vencê-la significa subir na escala de vossa evolução.

⚜ Vossa missão, filhos meus, é grande; talvez, ainda maior do que a minha, pois Eu sou uma, e vós sois uma multidão.

⚜ Se quiserdes dar a Mim algum presente, alguma retribuição, dai-me o sorriso de alguém todos os dias.

⚜ Tereis que estar preparados para vencer os golpes que a vida vos preparará no cumprimento da missão que foi dada a vós. Cumpri-a com Paz, Amor e Equilíbrio.

⚜ Tivestes o maior dom que é possível dar a um membro da legião dos mortos: *VIVER*.

⚜ Antes de nascerdes, fostes submetidos à Justiça Trina, que é formada por Sete Juízes, onde fostes conscientizados da vida que vos aguardaria.

⚜ "*Eu Prometo*" foi a oração que fizestes antes de vir. Cumpri-a!

⚜ Ao nascerdes, esquecereis tudo. Apenas figurará em vós o vosso livre-arbítrio.

⚜ É dado a vós os Sete Segredos: *vida*, *perda*, *emoção*, *senso de justiça*, *personalidade*, *corpo* e *fé*.

⚜ Dou a vós as Sete Chaves: *compaixão*, *esforço*, *julgamento*, *paciência*, *humildade*, *compreensão* e *alegria*.

⚜ Devereis usar os Sete Segredos junto com as Sete Chaves para cumprir vossa missão, que é ajudar terceiros e superar vossas pedras.

⚜ Tereis que lidar com vosso destino, vossas pedras, vossos segredos, vossas chaves, vossos terceiros. Essas serão vossas responsabilidades, juntamente com vossas bagagens. Isso tudo se refletirá na vossa evolução.

✝ Dependerá do vosso livre-arbítrio a possibilidade de descobrir e aplicar os segredos e as chaves com *Paz*, *Amor* e *Equilíbrio*.

✝ Depois de vossa morte, vós adquirireis novamente a vossa própria consciência integral, aquela que registra as experiências de todas as vossas vidas. É com ela que julgareis a vós próprios.

✝ Depois do julgamento, ser-vos-á novamente perguntado: *O que escolhereis? Qual porta abrireis? O que deverá ser feito desta vossa alma imortal?*

✝ Após julgar a vós próprios, escolhereis uma das *Sete Portas da Evolução*, por onde subireis ou descereis, de acordo com o vosso veredicto.

⚜ Filhos, trazei nas vossas bagagens tudo o que puderdes aprender: o *como viver* e o *como ensinar*, para que no vosso julgamento possais ouvir da Justiça Trina:

"Cumpriste com o teu dever, viveste a tua vida, socorreste os que precisaram e levaste acima de tudo a grande missão que te foi designada. Ide. Foste um Ser que venceu!"

⚜ Morrer é passar do tempo que estais para o tempo que virá!

⚜ Não tenhais medo da morte; tendes medo, filhos, é de não saber viver, de morrer em vida.

⚜ Vossa vida é uma rosa. Fazei com que ela exale a *caridade*, o *auto domínio* e a *paciência*.

✟ Eu vos dou a vossa rosa. Dependerá, de vossas escolhas, a forma e o perfume que ela terá, para que no final possa juntar-se ao *Grande Ramalhete*.

✟ Sois uma rosa cheia de espinhos que vós próprios colocastes; não a sobrecarregais com espinhos que não são vossos. Não aumenteis vossos sofrimentos inutilmente.

✟ Para que não vos percais, Maria vos dá o *Fio Condutor* ao caminhardes para a Luz e para o Sol.

✟ Se a rosa de alguém ficar cheia de espinhos, Maria os tirará. Assim, esse alguém poderá respirar *espaço* e *dignidade*.

✟ Vós sereis a seiva que circulará nas rosas das pessoas que irão vos procurar.

✟ Maria transforma grandes obstáculos em pedras pequeninas, dando o seu amor para que possais passar e não vos machucar nas pontas delas.

✟ As pedras do vosso caminho, Eu não as tirarei, mas ensinarei como andar sobre elas, a vê-las e a entendê-las melhor.

✟ Dai a mão aos vossos protetores para que eles possam sair debaixo das pedras e possam cumprir suas missões. Mas, se olhardes bem, vereis que a pedra que os esmaga sois vós mesmos.

✠ Não arrebenteis vossas pedras. Tratai-as com carinho. Elas sempre voltarão para vós multiplicadas por *sete vezes sete*.

✠ Tomai tento, não percais tempo em tanta discussão, são pedras que tereis que passar.

✠ Não desistais da luta quando vosso fardo estiver pesado demais. Não decepcioneis vosso guia. Se parardes, ele também terá que parar. E vosso *compromisso de vida*, como fica?

✠ Quando um Ser deseja abreviar seu tempo de vida, nem que seja em pensamento, seus guias e protetores o abandonarão, e ele seguirá sozinho.

⚜ Possuís a terceira visão para que possais, com justiça e sabedoria, distinguir quem é bom para vós, quem vos usa e quem quer o vosso poder.

⚜ Vivei no meio das cores, do ar, da água e da terra. Aprendei a trabalhar com a cor e o perfume que exala de vosso Ser para se unir ao *Grande Ramalhete*.

⚜ A força das flores vos embala no verde, no azul, no branco, no vermelho, no dourado e no rosa, dando-vos a força para desbravar o futuro e os caminhos, amenizando a dor, a desilusão e a mágoa.

⚜ Não deixeis o Tempo passar. Se vós preencherdes este Tempo só com ilusões, tereis uma *vida vazia...*

⚜ Verde é vida e regeneração. Verde é força positiva e é força protetora.

⚜ *"Num lugar densamente iluminado por uma luz forte e cintilante, havia uma teia toda partida. Uma aranha dourada, de corpo de pedra verde-esmeralda, refazia a teia com os fios desta luz cintilante..."*

⚜ Cuidado com os *eflúvios amorosos*, eles podem trazer complicações quando se cruzam.

⚜ Entrareis num novo patamar: o patamar Rosa. Passareis a usar o triângulo Azul e vossa Terceira Visão. Eles brilharão em vós. Passareis a enxergar além das montanhas que subirdes.

⚜ A *Canção da Maria* age como focos de Luz, iluminando a vossa escuridão.

⚜ Escutai a *Canção da Maria* que emana do patamar rosa. Tereis paz, tereis amor, tereis a suavidade das ondas do mar que beijam a praia e a suavidade dos ventos que acalentam as montanhas.

⚜ Cantai! Vinde comigo, vinde cantando, porque, no minuto em que entoardes a música da Maria, toda vossa vida e vosso caminho se iluminarão, pois ela trará a luz da Força, a luz do Poder, a luz do Amor e a luz Maior.

⚜ Dai o amor, plantai o amor, semeai o amor, para que possam florescer flores e flores. E como vós possam germinar sementes.

✣ Que a árvore frondosa que ampara e protege tanta gente multiplique cada vez mais suas folhas, para que possa abrigar todos aqueles que se vêem sentados sobre suas pedras, no sol causticante das amarguras, não conseguindo se levantar.

✣ As pequenas folhas, às vezes, dão mais sombras que as grandes.

✣ Acalmai vosso espírito, vossa terceira visão e vosso pensamento, pois nenhuma folha cai sem que *Ele* queira que caia.

✣ À medida que alcançardes Paz, Amor e Equilíbrio, vencereis, pois as tormentas serão apenas como águas que correm pelos vossos pés, lavando-os de todas as misérias que existem neste mundo sofredor.

⚜ Não choreis! Deixai de lado o medo e o desassossego. Vinde, Eu estou convosco, e se tudo não passar, porei vossas cabeças no meu colo mansamente e Eu vos abraçarei.

⚜ Tende fé! Lorenza atravessará convosco a grande muralha da dor, da desilusão, da mágoa, da doença e do desespero.

⚜ A dor é como a faca que vai cortando; e vossos protetores são os ungüentos da paz e do amor infinito, que aliviam cada sofrimento e pensamento que vos afligem no caminhar por vossas pedras.

⚜ Não deixeis que as oportunidades se percam. É preciso ser astuto, para agir nas horas certas.

✝ Vossas palavras têm a força de mil ventos, vossos pensamentos têm a força de mil olhos e, quanto mais unidos estiverdes, mais forças tereis, mais dominareis o bem e o mal.

✝ Não odieis o mal porque ele trará o bem, nem odieis o bem, porque ele também trará um pouco do mal. Colocai em tudo o equilíbrio.

✝ Inimigos são aqueles seres que vos atacam, contudo, são também aqueles que vêm para vos ajudar na escala da evolução. Aprendendo a lidar com eles, devereis ensinar outros a fazê-lo.

✝ Quando estiverdes desanimados e tristes, lembrai-vos da história da aranha verde. Com os fios da vossa fé, refaçai a vossa vida ou a vossa teia.

⚜ Para lutardes contra o mal, devereis saber que: *se ele tiver dois olhos, que vós tenhais três, e, se ele tiver dois ouvidos, que vós tenhais três!*

⚜ Não deixeis que a mágoa e o ódio vos envolvam, por pior que sejam as circunstâncias.

⚜ Preenchei vosso Ser de certezas, pois nada magoa mais do que um coração que duvida!

⚜ Enrolai-vos na proteção da luz verde, para que protegidos, possais encontrar o Azul, o Branco, o Dourado, o Vermelho e o Rosa.

⚜ O Verde é o vosso chão, é o corpo que vos protege para que possais subir, lutar e... vencer!!!

⚜ Maria vos dá a *Bênção da Pedra Verde*:
– Segure na mão esquerda uma pedra verde e diga: *"Querer é Poder, é ter força para poder viver, é poder ter amor, é poder ter pataquinha, é poder ter saúde..."*

⚜ Maria vos dá a *Bênção dos Eflúvios*: *"Com a pedra verde na mão esquerda, peça à ela ao colocar:*
– sobre o coração: *para os **eflúvios amorosos**, que tragam a pureza, dignidade, direção para caminhar, amansando os embrutecidos e os desconsolados;*
– sobre a testa: *para os **eflúvios da inteligência**, que tragam a clareza no pensamento, o olhar vigilante, a percepção aguçada e o entendimento; e*
– sobre a nuca: *para os **eflúvios de proteção**, para proteger contra o mau-olhado, a inveja, as más palavras e as más companhias".*

⚜ No patamar Dourado, tereis que ter muito discernimento para enfrentar as lutas de poder que encontrareis.

⚜ A esperança é uma pedra verde. É a luz que nos faz viver depois de uma derrocada.

⚜ Tempo é bálsamo.
Tempo é purificação.
Tempo é esquecimento.
Tempo é esperança.
Tempo é uma pedra verde.

⚜ Não odieis vossos inimigos nem aqueles que vos fizeram mal, eles vos deram mais um degrau para subir, o machucado foi dolorido, mas aprendestes mais do que eles.

⚜ Dai água aos que precisam, pois vós tendes a fonte. Dai o alimento àqueles que vos cercam, para que fortifiquem vosso corpo, pois novamente tendes a fonte.

⚜ Bebei a água que Eu vos dou, para que nunca saibais o que significa ter sede. Comei o que Eu vos dou, para que nunca saibais o que é ter fome.

⚜ Dai àqueles que buscam a água da calma, a alma do ressurgimento, a água que faz a alma ficar transparente e límpida, assim como vós tereis que ser.

⚜ Vossa responsabilidade é como as ondas do mar, que não param nunca e se espalham sempre.

⚜ Tende paciência com vossos filhos, com os que se acercarem de vós e com os desesperados. Eles irão atrás de vós, pois querem água para mitigar a sua sede, e vós a tereis que dar.

⚜ A todo aquele que pensou que era e não era; pensou que foi e não foi; pensou que fez e também não conseguiu fazer; Eu vos dou o vosso alimento: a água. Bebei e segui o vosso caminho.

⚜ Amai vossa solidão! Ela é uma grande amiga, pois é o único tempo que tendes para julgar com serenidade.

⚜ Não vos assusteis com vossa caminhada, pois mesmo a maior delas começou sempre com o primeiro passo.

⚜ Para ajudar os Seres Humanos, tereis que ter sofrido, se é que já não sofrestes; tereis que tomar a água amarga de fel, se é que já não a tomastes; porque os Seres Humanos custam muito para aprender.

⚜ Quando vossos problemas vos afligem, afetam vossa saúde e o vosso discernimento, não mais raciocinando, fazem com que vossas emoções toldem vosso cérebro. O livre-arbítrio terá que estar acima de vossas emoções, pois tereis que ensinar.

⚜ Sois vós que iluminam a Mim; ao mesmo tempo, sou Eu quem vos ilumino.

⚜ A vida é um caminho apenas de ida. Não há retorno.

⚜ Que o mar dê a vós a força para entender a vossa terceira visão; que as montanhas vos ajudem na caminhada para que possais entender e explicar o que há para vir e o que tereis que saber.

⚜ Quando o medo vos abraçar, basta que corteis os círculos que o formaram e eles se transformarão numa linha reta, que é por onde quero que caminheis.

⚜ Dou a vós a *alegria* de alcançar uma explicação para as coisas inexplicáveis, a *sensibilidade* para perceber quando entrardes em círculos e a *inteligência* para saber sair deles.

⚜ Cuidado para não pensar em rodopios nem em círculos, pois a linha da vida é uma linha reta.

✝ Andar em círculos é retroceder e parar! Quebrai vosso círculo, fazei dele uma linha reta, para que possais caminhar e alcançar a Luz.

✝ Tende fé no amor que vos dou. Esse amor, como um facho de luz, ilumina toda vossa escuridão.

✝ *Quem sois? De onde viestes? Para onde ireis?*
Filhos meus, segui um caminho, dai a vós próprios uma meta para caminhar sobre vossas pedras.

✝ A maledicência é uma inimiga que chega mansa, joga palavras no vosso cérebro que começam a fervilhar pouco a pouco e, quando explodem, estareis dentro de um círculo.

⚜ Em todo caminho há sempre um *começo*, um *meio* e um *fim*.

⚜ Acendei a minha Luz para que ela ilumine o caminho que tereis que percorrer.

⚜ Que a minha Luz vos cerque e vos abençoe pelas estradas que tereis que percorrer; que ilumine vosso coração e vossa mente para que, com muita paciência, saibais lidar com os que vos prejudicam e os que não vos compreendem.

⚜ Parai para pensar, olhai o túnel que vos separa da Luz; ele não é tão longo como pensais, nem tão duro como faz crer.

⚜ Vossos cérebros terão que estar iluminados para que saibais discernir o que terá que ser feito e o que terá que ser dito, para que possais pôr vossos pés no chão e vosso coração no alto.

⚜ Quem ama tem fé; quem tem fé não duvida nunca!

⚜ Distribuí amor, o amor profundo que os Seres Humanos pouco conhecem; aquele que perfuma a alma, encanta os espíritos e faz com que as pessoas cantem pelo vento afora.

⚜ Colocai em vossos corações a *pureza*, o *amor* e a *alegria* das crianças.

⚜ Cuidado com as vossas palavras, elas cairão como flores ou ferirão como punhais.

⚜ Pensai antes de falar; pensai antes de ofender; pensai antes de ver; pensai muito no antes, para que vosso esforço não seja maior no amanhã que virá.

⚜ Quando falardes com alguém, lembrai-vos de que estais diante de um Ser Humano. Um Ser Humano, talvez, mais perdido do que vós.

⚜ Abri vosso coração para que possais seguir livres, tão livres que possais enxergar como um ente querido, todos aqueles que vos ofendem, que vos maltratam e vos magoam.

⚜ Cada dia que passa é um dia a menos a ser vivido. Vivei cada dia como se fosse vosso último. Sabei viver!

⚜ Vós tendes só um tempo para viver. Não façais dele um tempo de tormentas.

⚜ Lorenza, rainha de tantos poderes e tantas correntes, arrojo-me aos vossos pés, pedindo o vosso amor, para que Eu possa devolvê-lo multiplicado por *sete vezes sete*.

⚜ Subi a montanha, e de lá olhai para os vossos problemas; então vereis o quanto se tornarão pequeninos... tão pequeninos!

⚜ Os grandes problemas sempre começam pequenos. Precisais aprender a ver e ouvir tudo e estar atentos aos *pequenos detalhes* à vossa volta.

⚜ Convivereis com pessoas de muitos tipos: as espertas, as más e as cruéis, mas devereis, mesmo assim, ensiná-las.

⚜ O mal poderá entrar em vós como dor que se instala em vosso coração, como raiva que se amansa para poder tomar conta do vosso corpo.

⚜ Quando estiverdes aborrecidos, irados ou magoados, quando tiverdes facas vos ferindo, lembrai, tendes um caminho, tendes uma porta e tendes uma chave.

⚜ Não choreis, aprendeis a rir, pois a *alegria* é a vossa paz, o vosso símbolo e o vosso caminho.

⚜ Amai vossos inimigos como Eu vos amo, amai a todos aqueles que se acercarem de vós.

⚜ Nenhuma destas forças, o *bem* ou o *mal*, terá volta. Usai o vosso livre-arbítrio, usai-o da melhor forma possível, pois muitos dependerão dele.

⚜ Seguirei convosco protegendo-vos, mas tereis que decidir: *Qual o caminho? O que fazer? Como fazer?*

⚜ Eu vos abençôo, entrando em vossos corações e ensinando-vos o *saber viver* e o *como viver*.

⚜ Dou a vós a *calma* para acalmar os que têm cólera; *força* para os fracos; *luz* para os ignorantes; *suavidade* para os brutos; *tolerância* para os descrentes; *amor* para os que odeiam e *paz* para os conturbados.

⚜ Amai vossa solidão, amai vosso desespero, amai vossas angústias, para que eles, tornando-se parte de vós, se transformem em auxílio para aqueles que não conseguem enxergar, escutar e decidir.

⚜ Nós tiraremos de vossos corações a amargura e o desencanto e os jogaremos pelo vento, pela bruma do tempo, para que se dissolvam e, quando retornarem, não tornem a vos encantar.

⚜ É grande a diferença de *ser livre* e *ter liberdade*.

✣ Aos espíritos que estão combalidos, rancorosos e doloridos, lembrai-vos de que todos nós vos amamos. Saí de vossos caldeirões e de vossos infernos particulares.

✣ Dai a Mim toda vossa tristeza, todo vosso tormento, estarei muito feliz em levar tudo isso comigo, deixando no lugar a Paz, o Amor e o Equilíbrio.

✣ Eu vos dou a minha luz; juntai a ela a vossa *luz*, a vossa *compreensão* e o vosso *perdão*. Sem essas três partes, nada podereis fazer.

✣ Amai, filhos meus, porque somente com o amor podereis sorrir, para serdes livres, tão livres como Eu o sou.

✠ *Ser livre* é ser livre nas palavras, nos pensamentos, no coração e na alma, para que se possa sobreviver neste mundo de desamor.

✠ Trazei a alegria convosco. Aprimorai vosso Ser, para que não morrais em vida.

✠ Não viestes à toa, fostes formados ponto a ponto. Estais na plenitude do que trouxestes e do que tereis de fazer.

✠ Filhos, Eu esperei por vós, andastes por vários caminhos, acertastes em alguns, vos perdestes em outros... mas vossa força é grande, não a desperdiceis mais.

✣ Vós sois os meus arautos e também os de Maria.

✣ Minha fala cessará quando vossa parte humana vencer vossa fé em Mim.

✣ Sê digno de um lugar ao sol e provarás que és meu filho.

✣ O meu trabalho tem que continuar, pelo ar, pelos escritos e pela vossa voz. Ele ecoará pelas distâncias, nos montes e nos vales.

✣ A minha *NOVA FILOSOFIA DE VIDA* vem desde os tempos antigos, antes mesmo dos druidas, passando pelos essênios, perdendo-se nos egípcios, passando por Jerusalém...

✝ Sois especiais, pois viestes de muito longe trazendo experiências. Demorastes para serdes formados, por isso agora vos peço: vinde comigo, subi a montanha sagrada e, de lá, olhai o que é necessário e o que foi predito para vós.

✝ Vós sois muito sensíveis, mais do que as pessoas que conheceis. Antes de virdes, fostes trabalhados por seres muito importantes da minha hierarquia.

✝ Cada um de vós será Eu novamente, e assim, Eu estarei em todos vós, não só no hoje, não só no ontem, mas para todo o sempre.

✝ Amai vossos problemas, estudai vossos problemas e eles se tornarão *nada*.

⚜ Chegou o tempo... abre teus olhos, repousa teu corpo cansado e alivia teu coração dolorido. Joga no tempo tuas lágrimas, põe teus passos na luz e descansa em Mim.

⚜ Analisa tudo, pesquisa fundo dia e noite, pergunta à luz, às trevas e à Montanha Sagrada. Revê manuscritos e falas antigas, e então saberás a Verdade.

⚜ Pesa teus pensamentos; pesa tuas palavras e pesa tuas ações, porque o caminho que escolherdes não terá volta.

⚜ Lembra-te: *és um só!* Aquele que muito tem a dar e pouco a receber. Não desespere, seja forte... reaja... lute... e... vença!

⚜ Descansai na brisa do vento; bebei o néctar do verde aquecido no calor tênue do sol. Relaxai... descansai... Eu estou convosco!

⚜ Comungar comigo é o partilhar da alegria e da tristeza; é trocar em miúdos vossos anseios e aflições.

⚜ A felicidade é feita de pequeninos pedaços de tristezas, de mágoas, de idas e voltas.

⚜ No fim do caminho há uma luz que vos espera.

⚜ Entendai as diferentes verdades com *discernimento* e *justiça*.

⚜ A diferença que existe entre a luz e as trevas é muito simples: "está na entrada que é *fácil* e na saída que é *impossível*".

⚜ Jamais estareis sós enquanto a luz brilhar.

⚜ À medida que me amares, dar-me-eis Luz para poder seguir. Eu a triplicarei para dar-vos de beber como água poderosa e iluminada.

⚜ Eu vos dou a força da Grande Luz para que continueis a passar o que vos ensino.

⚜ A vida vos dá oportunidades de aprender, escutar e ensinar. Sabei viver, pois tereis que ensinar a viver!

⚜ Antes de ajudardes a alguém, ajudai primeiro a vossa família.

⚜ Que a alegria e a confiança sejam o vosso emblema e que o equilíbrio seja a vossa marca.

⚜ Não esqueçais que a *Paz*, o *Amor* e o *Equilíbrio* far-vos-ão pessoas íntegras, pois tereis dominado e compreendido os vossos segredos e usado neles a chave certa.

⚜ Cuidado! Às vezes, uma simples timidez não trabalhada direito pode vos levar a caminhos que sequer poderíeis suspeitar que existam.

⚜ Não deixeis vossa alma chorar... Dai-lhe a fé!

✝ Sede humildes para aceitar vossos erros.

✝ Trazei a alegria convosco. Aprimorai vosso Ser para que não morrais em vida.

✝ Tendes que aprender a *dar*.
Tendes que aprender a *amar*.
Tendes que aprender a *sair* de vossos *círculos*.

✝ O que fizestes do vosso *livre-arbítrio*? O que fizestes das pedras que estavam em vossos caminhos? Esquecestes que em vossas mãos, Eu depositei o meu bastão?

✝ Lembrai: a *fé* é a vossa grande proteção!

✝ Eu vos amo; e vós a quem amais? Eu vos ajudo; e vós a quem ajudais? Olhai bem o que estais semeando...

✝ Levai convosco por onde andares o amor, a compreensão, a fé e a humildade, para que possais entender todo aquele que se acercar de vós.

✝ Amparai o maior número de pessoas, mas, dentre aqueles que amparardes, escolheis os que realmente precisam.

✝ Quando outra vez podereis ter um corpo? Quando outra vez podereis ter olhos para ver? Quando outra vez podereis ter ouvidos para escutar? Quando outra vez podereis dizer palavras àqueles que necessitam delas desesperadamente?

⚜ Cuidado com vossas palavras, porque poderão ser uma *condenação* ou uma *libertação*.

⚜ Vós sereis mais tarde julgados pelo muito que tivestes e pelo muito que não destes.

⚜ Jamais penseis: *Por que eu? Por que só eu terei que fazer? Por que não eles?* A resposta já sabeis!

⚜ Cuidai de vosso corpo, protegei-o, porque ele também protege a vós.

⚜ Tendes o poder da *Cura das Almas* através de vossas palavras; portanto, atentai para que elas transmitam somente o que for necessário.

⚜ Tendes a meiguice e a alegria de poder transmitir. Usai-as, mas lembreis que somente com amor, alegria e muita paciência conseguireis.

⚜ Cuidado! Às vezes, as necessidades fazem com que o Ser Humano se perca!

⚜ Sede humildes, pois tereis muito poder, mas prestareis conta dele quando tudo se acabar.

⚜ Levai aos que vos cercam as palavras que Eu digo. É necessário ensiná-las, e Eu vos ensinarei a sobreviver daqueles que vos atacam.

⚜ É preciso que haja dignidade, mesmo quando se tem desilusões e problemas.

⚜ Não importa o caminho que vós escolhestes, a única coisa que importa é como fizestes para percorrê-lo.

⚜ Cada pessoa que conseguirdes pôr em pé na vossa jornada será para vós uma vitória, que será multiplicada por sete vezes sete pontos.

⚜ Por que existe tristeza aqui? Onde está vossa alegria?

⚜ Não sejais como seres que não sendo cegos, não conseguem enxergar; não sendo surdos, não conseguem ouvir c, não sendo mudos, não conseguem falar.

⚜ Que em vossos caminhos hajam pedras, pois elas vos levarão à Luz. Não poderíeis viver sem a vossa Luz. Necessitareis dela para poderdes transmiti-la aos que precisam.

⚜ Somos feitos de feixes de Luz. Feixes que se unem e que nos formam. Tendes que estar com os vossos feixes ligados e unidos até o vosso final.

⚜ Fazei do amor o vosso escudo, rezai para os que vos odeiam; usai-o para os que vos amam e para os que vos pedem proteção.

⚜ Parai e olhai, dai a mão aos vossos Guias, e o vosso túnel se iluminará na decisão que tiverdes que tomar.

✠ Todos os vossos Guias têm muita força, a imensa força que desaba montanhas. Permiti-lhes que trabalhem, para que possam cumprir a missão destinada a eles: *GUIAR-VOS*.

✠ Cada dia que viveis, menos um dia para se viver; viveis o vosso tempo de vida como se fosse o último dia. Não percais esse tempo de realizações com lamúrias e revoltas.

✠ A vossa força será a minha força, que vos será devolvida triplicada sete vezes sete; portanto, não tenhais medo.

✠ Tereis que ter cautela e humildade para cumprir e propagar minhas palavras.

⚜ Subi a montanha sagrada e agradecei ao Supremo Ser tudo o que aprendestes e por tudo o que passastes, pedindo-lhe proteção para que possais transmitir a todo aquele que se acercar de vós a *Paz*, o *Amor* e o *Equilíbrio*.

⚜ Sois o número **8**, sois pessoas escolhidas, bruxos, magos ou druidas, que acumulastes durante vidas e vidas a sabedoria enorme desses seres, nem sempre compreendidos por onde passaram.

⚜ Os **9** irão depender de vós. Passais a eles tudo o que sabeis.

⚜ Eu vos peço perdão pelo peso enorme que, às vezes, tereis que carregar.

⚜ Pedi por aqueles que amais e por aqueles que vos cercam, para que eles consigam enxergar o caminho que terão que percorrer. Sois vós os responsáveis por eles.

⚜ Sabei pedir. Não se pode ter tudo. Ficai contentes com o que conseguirdes, aliando a alegria e a paciência de colocar dentro de vós a Paz, o Amor e o Equilíbrio.

⚜ O sofrimento da vida que vos foi dada, os segredos, as chaves, o auxílio dos Guias e o vosso livre-arbítrio são para que tenhais a grande chance de evoluir.

⚜ Nem quem vos ama, nem nós, que vos ajudamos, poderemos interferir em vosso julgamento; ele será vosso e somente vosso. Não haverá retorno.

⚜ Vinde a Mim, sentai no meu regaço e chorai baixinho. Eu não vos perguntarei nada, apenas porei vossa cabeça no meu colo e passarei todo o meu amor ao vosso coração entristecido.

⚜ Eu vos dou minhas bênçãos e orações para que sobrevivais àqueles que vos atacam e àqueles que vos mudam o pensamento.

⚜ Formamos um elo onde existe a amizade; a paz de poder conversar; onde deixamos de lado, afundando-se nas águas profundas, a vossa mágoa, a vossa raiva e o vosso desequilíbrio.

⚜ A *flor-de-lis* emana o poder da paz ao combater os males do corpo e ao combater os males das trevas.

⚜ Saibai transmitir vossa alegria a outrem, porque nem todos vos entenderão.

⚜ Respondei a vós próprios: *Onde está vossa fé? Onde a pusestes? O que ela significa para vós?*

⚜ O que fizestes de vossas vidas, não do ontem que já está perdido, mas do amanhã que já está aí?

⚜ Quando vossa tristeza for tão grande que não souberdes como lidar com ela, vinde a Mim, e passar-vos-ei a Paz, o Amor e o Equilíbrio que farão de vós um Ser Humano em Pé.

⚜ Cuidado com o andar macio do tigre. Ele pode vos prender nas suas unhas afiadas.

✝ Atentai para o que vos digo: às vezes, o que é bom para uns pode ser mau para outros; e o que é mau para uns pode ser bom para outros.

✝ Dai amor àqueles que vos ferem, para que possais entender aqueles que vos cercam.

✝ Dou a vós todo o meu amor e a minha luz para que possais tecer com o fio da grande aranha o vosso caminho para que, se torne leve o fardo que carregais e para que vosso sorriso vos torne a iluminar.

✝ Eu retiro de vós a corrente dos desesperados que está nas profundezas de vossas casas e de vossos corações. Pedi por eles, rezai por eles, para que vós possais tornar a sorrir… livres!

⚜ Desejo que vossas pedras se transformem em pequeninos pedregulhos, que a luz bafeje sobre vós, assim como a sorte e a felicidade.

⚜ Usai o vosso poder da *Cura das Almas* para aquelas que se debatem doloridas pelos espinhos de vossa terra, que choram encostadas no vosso portão, que estão perdidas e sozinhas buscando a vós.

⚜ Assim como Eu semeei vossas sementes, agradeço-vos por tê-las florescido para que Eu pudesse vos dar o que, durante séculos e séculos, colhi.

⚜ Nem sempre um mal é um mal, nem sempre um bem é um bem; depende do equilíbrio de ambos e da forma que são usados com o vosso livre-arbítrio.

⚜ Para tudo há uma regra, para tudo tem que haver discernimento, por isso, Eu vos peço *equilíbrio* e vos darei o meu *amor*.

⚜ Tereis problemas de entendimentos e até de arrependimentos, mas Eu sempre estarei convosco, nos tropeços e nas fraquezas.

⚜ Não importa a Mim a linguagem que usardes; não importa a Mim como falardes, mas falai na linguagem daqueles que estão vos escutando. Só assim, eles entenderão.

⚜ Calçando os sapatinhos da ilusão e os sapatinhos da alegria, encontrareis mais facilidades nos caminhos de vossas vidas.

⚜ Cuidado para não serdes enredados pela cabeça nem pelos pés, porque presos, não ireis a lugar nenhum.

⚜ O *Tempo do Antes* é a chance que tereis para vos precaver de situações inevitáveis antes que aconteçam. São as vossas enormes pedras tranformando-se em pedregulhos.

⚜ Sede verdadeiros. Se não souberdes as respostas ou estiverdes em dúvidas, pedi um tempo para poderdes pensar, e só quando tiverdes certeza, vos pronunciai.

⚜ Empregai bem vossas visões claras e sábias palavras para que o destino possa ser cumprido, pois o amanhã está próximo.

⚜ Segui vosso caminho. Não olheis para trás, é melhor assim... não sofrereis e não fareis sofrer.

⚜ Dai às pessoas o máximo que puderdes, pois o mínimo que delas receberdes vos confortará.

⚜ Toda pessoa é uma reunião de qualidades e defeitos. Se as qualidades forem superiores aos defeitos, sê seu amigo.

⚜ A Lei será cumprida, por bem ou por mal. A escolha é vossa!

⚜ Vinde, filhos; trouxestes junto convosco a vossa missão e o dom maior, necessários para pôr o Ser Humano em Pé.

⚜ Ao andardes por um caminho árido, tornai-o fácil para o próximo percorrê-lo.

⚜ No juramento, vós prometestes conter vossa língua.

⚜ Vossas lágrimas secarão ao secarem outras lágrimas.

⚜ Quando puderdes explicar o significado dos sete segredos, das sete chaves e do que é viver, tereis encontrado o caminho da luz.

⚜ A dificuldade existe para ser superada.

⚜ Maria vos protege contra o mau-olhado, a cobiça e a inveja com a sua Canção, de modo que, vossos inimigos, ao vos olharem, verão apenas o *VAZIO*.

⚜ A vida é feita de *Luta*, *Amor* e *Paz*.

⚜ Lutai! Quebrai o gelo que vos envolve. Tende fé!

⚜ Ninguém é de ninguém por muito tempo.

⚜ Para que o vosso Ser torne-se leve, tende em vosso coração a pureza do *Amor de Criança*, a sinceridade do *Sorriso de Criança* e a liberdade do *Pensamento de Criança*.

✣ Vossa alma se debate desesperadamente e a angústia vos invade. Quanta tristeza... quanta desilusão...! Não vos despereis mais! Eu estou convosco.

✣ Meditai no que Eu vos digo, só assim vossos caminhos clarear-se-ão, e os de vossos filhos, amigos e inimigos tornar-se-ão o caminho do amor.

✣ Sabei lidar com os magoados e infelizes pois eles não conseguem enxergar.

✣ Para transformar um círculo em uma linha reta, dou-vos estas etapas: 1- *buscar*; 2- *pesquisar*; 3- *ficar atento*; 4- *estudar*; 5- *perguntar*; 6- *meditar*; 7- *ensinar*.

✝ Peço que vossas queixas e lamentos sejam a Mim dirigidos, para que, ouvidos com sabedoria, seja feita Justiça.

✝ Levai a vossa palavra a todo aquele que necessitar, não como um *canto de sereia*, mas como a força para pô-lo em pé.

✝ Olhai para o vosso mundo e atentai para aqueles que vos cercam. Encontrareis pessoas que nada sabem, pessoas que sabem alguma coisa e pessoas que sabem muito, mas se calam. Procurai-as.

✝ Nenhum de vós poderá viver sem a própria Luz. Se não tiverdes Luz, não dareis Luz.

✟ Às vezes, é preciso que os espinhos de vossa rosa vos espetem para que possais perceber que estais dentro de um círculo.

✟ Sois como pássaros no céu voando rápido. Vossa vida é breve, é apenas um minuto num imenso tempo.

✟ Vivei como seres que possam dar aos desesperados, a Paz que Eu vos dou. Deixai aqui, o que de melhor puderdes.

✟ Aos Protetores Maiores, peço que retireis os *espíritos sem luz* de perto dos meus filhos, levai-os para o mar, levai-os para a Luz!

⚜ Rezai a Canção do Mar. Andai pela praia, esperai que as ondas bafejem vossos pés e pedi Paz, Amor e Equilíbrio.

⚜ Diante de qualquer dificuldade, subi vossa montanha e respondei vossas dúvidas sempre com muita sinceridade.

⚜ Aquele filho meu que balança na sua fé, que leia e releia minhas mensagens. Dizei a ele que não fuja, pois por onde ele andar… Eu andarei!

⚜ Senhor, ajudai-me! Que Eu consiga passar vossas palavras e propagar vossa fé! Às vezes, sinto-me tão pequena!

✟ Que o *mal* não ataque meus filhos, porque Eu e os Protetores Maiores estaremos de prontidão.

✟ Sois parte do meu Povo Marrom. Este povo que foi esparramado pelo vosso mundo e que agora se reúne, formando os meus 8.

✟ Semeai o *amor*, para que possais levar adiante a vossa grande missão.

✟ Se tiverdes fé em Mim, estareis na plenitude do que trouxestes e do que tereis que fazer.

✟ Que a vossa alegria ecoe como o canto do rouxinol.

⚜ Toda criança, nos seus primeiros passos, cai muitas vezes...

⚜ Todo aquele Ser que sofre, que está caído, é como uma flor que precisa ser regada com palavras de Paz e Amor.

⚜ Trazeis convosco o *"M"* da vossa Torre de Marfim.
Trazeis convosco o *"M"* na palma da vossa mão.
Trazeis convosco o *"M"* de Morte.
Trazeis convosco o *"M"* de Maria, aquela que vos protege, ama e guia.

⚜ Uni vossos pensamentos aos meus, para poderdes *ser livres*, para poderdes pensar, trabalhar, subir montanhas e ajudar vossos **9**, que já se avizinham.

✝ Tende fé para ver o que terá que ser visto, para que vosso coração volte a sorrir... *livre*!

✝ Que meu amor vos envolva e que vos faça leves como pássaros, ou como borboletas no ar!

✝ Que vós possais descansar tranqüilos. Que os seres do céu e das estrelas brilhem para vós, iluminando o mundo que vos cerca.

✝ Eu vos amo! Ajudai-me a ajudar-vos!

✝ Não tenhais medo quando trilhardes o caminho que é vosso. Eu estarei sempre convosco.

✟ Protegei-vos, filhos, para que o mal não vos envolva, porque, se fraquejardes, vossa missão poderá parar!

✟ Quando alguém vos ofender, quando nada der certo e a vontade for de ir embora e correr pelo mundo afora, parai e pensai: *"Eu não posso fazer isto, pois, sou responsável por tudo o que receber"*.

✟ Sereis responsáveis pelas palavras que falardes, pelos olhares que lançardes, pelos pensamentos que emitirdes e por tudo o que vosso coração desejar. Principalmente, vós que estais comigo.

✟ Eu vos abençôo, retiro a dor, a mágoa, a insatisfação, e vos devolvo os vossos sonhos e os vossos ideais.

⚜ Eu vos darei a luz da sabedoria pelo vosso Terceiro Olho. Vereis o mundo com amplitude, sabereis o que as pessoas pensam, mas... vós tereis que saber como se aproximar delas, entendê-las e ajudá-las no momento certo.

⚜ É necessário que aprendais a superar a dor, a ultrapassar as mágoas. Mesmo a alegria que quereis transmitir a outrem, saibai fazê-lo, porque nem todos vos entenderão!

⚜ Antes de dormirdes, mentalizai-vos num refúgio sagrado e dizei baixinho: *"Eu preciso ter paz; eu preciso cultivar o amor; eu preciso saber amar e eu preciso saber dar!"*

⚜ Viver... é ir morrendo aos poucos.

✟ Tende *paciência* com quem vos procura. Tende *humildade* para ouvi-los, pois eles não têm, como vós, a grande proteção de todos nós.

✟ Que o vosso escudo, *Paz, Amor e Equilíbrio*, seja tão forte que, quando as *forças do mal* chegarem, não tenham forças para prosseguir.

✟ Para proteger contra ataques, mentalizai-vos num círculo dourado, tendo duas frentes de vós próprios, frente e costa, e vos tornareis três. Três em um.

✟ Crê em Mim e entenderás melhor o que te for reservado. Do passado esquecerás a amargura e do futuro esquecerás a incógnita.

⚜ É necessário que existam os bons para que os maus sobrevivam.

⚜ Toda sabedoria que adquirirdes, os louros que conquistardes por ultrapassar vossas pedras, abrirão o vosso caminho para a *Liberdade*!

⚜ Vós tereis depois deste mundo que seguir em outras vidas, e Eu não poderei seguir-vos mais. Tereis que ir sós, por isso, levai de Mim e das minhas correntes toda a nossa *força* e toda a nossa *resignação*.

⚜ Que a minha palavra corra de boca em boca, até que os anos se acabem, até que neste planeta não reste mais nenhum de meus filhos.

⚜ Estarei em vós em todas as vezes que me reconhecerdes.

⚜ Sois uma *força crescente*, porém, a cada degrau, o cuidado deve ser redobrado.

⚜ Seguireis sem Mim, apenas com as minhas palavras, e correreis os novos mundos que virão, onde existirão pessoas com vidas e credos iguais ou não, mas, nesses lugares, todo aquele que passar por Mim há de saber andar, há de saber guiar...

⚜ Mesmo quando tiverdes que passar para os planetas mais baixos, sabereis guiar, porque cada um de vós sereis um arauto da Grande Força Maior, que é a Força do Supremo Senhor.

⚜ Em outros mundos por onde andei, existiam pessoas como vós, pessoas mais do que vós, pessoas menos do que vós, mas uma coisa havia em comum: o *livre- arbítrio*.

⚜ Dai ao vosso mundo o que puderdes dar, para que, quando chegar o vosso fim, o caminho esteja aberto para a próxima etapa, depois da luz que conseguirdes aqui neste planeta.

⚜ Ajudai a Mim na minha grande missão, porque ela depende de vós para ser levada à frente, por estes anos que virão, pelos séculos que virão, por tudo que terá que ser e por tudo que terá que vir.

⚜ Não sereis vós que perdereis se não souberdes usar vosso *livre-arbítrio, seremos todos nós*.

⚜ Precisais ter cuidado, orar e pedir proteção, para não vos tornardes pedras despedaçadas.

⚜ Sois feitos de feixes de luz, de vários tons de luzes, feixes que se unem e vos formam. Mantei-os sempre brilhantes.

⚜ Maria vos diz: *"Pegue a pá de pedreiro, tire tudo do caminho e jogue o lixo para a Luz, porque é na Luz que se jogam as coisas ruins. Limpe o seu terreninho para tornar a construir outra vez"*.

⚜ Construí a vossa própria *Torre de Marfim*, e colocai lá, a sabedoria e o ensinamento.

✟ A *Torre de Marfim* é a base sólida de toda vossa vida, é o vosso chão firme, a segurança para transmitir as verdades com discernimento.

✟ Eu vos dou Paz, Amor e Equilíbrio para que possais ser um Ser Humano íntegro e vitorioso.

✟ Vós sabeis quem Eu sou. Muitos não sabem, e ainda procuram por Mim. Mostrai-lhes o caminho.

✟ Ajudai alguém… porque, quando precisardes, alguém vos ajudará.

✟ Deixai algo antes de partir.

⚜ Ensinai o que vos digo: *"Nada é tão difícil que não possa ser enfrentado"*.

⚜ Cuidado com a interpretação de vossos sonhos, nem sempre são o que parecem ser.

⚜ Auxílio não é só financeiro, nem só oração, mas também palavras, gestos e, acima de tudo, Amor.

⚜ Sabei distinguir os seres que vos cercam, pois podem ser seres que querem se vingar de alguma coisa.

⚜ Subi comigo a Montanha Sagrada e vereis que tudo na vida são pontos de vista, são enfoques diferentes.

✝ Paciência... quantos não a têm! Precisareis dela quando os problemas vos cercarem. Usai-a, pois é uma de vossas chaves.

✝ Não colocais espinhos em vossos caminhos, pois haverá um tempo em que não podereis caminhar mais e nem Eu vos poderei libertar.

✝ Dou a vós a energia do sol e da fé, aquela que reabilitará vosso Ser, iluminando vossa visão e vosso caminho.

✝ Cuidado com os portais que, sem saber, podereis abrir para os seres do mal, através de pinturas, músicas, pensamentos e palavras.

✝ O amor puro da Maria vos envolve docemente embalando com palavras que compreendeis quando pergunta: *"Por que chorais? Por que não caminhar?"*

✝ Medo do vazio que rola... mas, rolando estarão aqueles que não crêem.

✝ Quando alguém de vosso lar estiver entristecido, colocai num copo de água, um ramo de hortelã e um pouquinho de açúcar para os *eflúvios amorosos*.

✝ Se o ambiente de vosso lar estiver carregado, colocai rosas vermelhas, pois elas vos defenderão, absorvendo a negatividade.

✝ Tereis que vos proteger sempre. Pedi proteção antes de dormirdes e ao acordardes.

✝ Orai por aqueles que já se foram e por aqueles que nem sabem que já se foram.

✝ Tende pena dos que não sabem o que vós sabeis. Ensinai-os, ajudai-os a passar…

✝ Fazei como a Maria, perfumai vosso lar com a Alfazema, para espantar bruxedos e malefícios.

✝ Caminhareis lado a lado com os bons, com os maus, com os desesperados, com os magoados… caminhareis e caminhareis… mas sabei caminhar.

🌸 Se alguém fizer ao meu povo alguma coisa, que lhe seja devolvido, não em dores ou sofrimento, mas em razão e equilíbrio.

🌸 Sois frágeis enquanto estiverdes sós, porém, vos tornareis fortes pela junção de todos vós.

🌸 Que o espírito da noite proteja os que estão aqui. E o anjo que leva os que se vão mostre que os que aqui estão precisam apenas de amor!

🌸 Vosso tempo é muito curto! Por que encher vossos corações de mágoas e de rancor? Por que não amais? Por que não ajudais, esquecendo vossas dores e tristezas? Por que, filhos?

✤ Que a saúde e o amor façam vosso sangue correr e que a bondade faça-o ferver. Que cada um contribua com um pouco para o muito que falta.

✤ Quando os espíritos sem Luz vos cercarem, chamai Maria. Ela os levará, dando a eles um Fio Condutor para a Luz.

✤ Pelas águas do mar, pelas águas dos rios e pelas águas das chuvas, Eu vos abençôo para que não fiqueis desamparados quando o mal se acercar de vós.

✤ À medida que vosso coração se abrir para Mim, as energias perdidas ser-vos-ão devolvidas em *sete vezes sete*.

✝ Vinde, filhos, que estais num caminho sem Luz e sem água. Subi comigo a Montanha Sagrada e vos mostrarei o caminho certo.

✝ Crê em Mim, naquela que te ajudará no caminho da dor, da desilusão e da doença.

✝ Vale a fé na Luz Suprema que existe em vossos corações, mas vale mais a força do amor que tiverdes para dar.

✝ A minha bandeira tem que tremular, e cada vez que alguém conseguir hasteá-la, conseguir compreendê-la, estará recebendo, para si e para todos aqueles a quem amar, a proteção dos séculos que virão.

✤ Juntai-vos ao clamor novo que surge, pulsa com minhas hostes e vos sentireis feliz porque cumpristes o que foi ordenado.

✤ Que meus ensinamentos partam do *Real* para o *Abstrato*.

✤ Meditai. O tom se cala, mas não o som. Vosso coração espera.

✤ Meu coração chora, porque a Lei é inexorável.

✤ Meditai durante o tempo permitido, que os prós e contras sejam pesados. Separai o joio do trigo.

⚜ Que a Terra se ilumine no brilho do branco e azul toda vez que seja lida a minha prece *Crê em Mim*.

⚜ *"Crê em Mim, dê-me tuas mãos; os caminhos se abrirão, as montanhas tornar-se-ão campos e as tempestades, ventos tépidos…"*

⚜ A Arca da Vida contém pedras coloridas. Elas representam os filhos meus no seu caminho da evolução. Quanto mais obstáculos ultrapassarem, mais brilho elas terão.

⚜ Do livre-arbítrio dependerá o brilho, maior ou menor, da Pedra, para vossa subida… ou para descida.

⚜ A Pedra pronta deverá ter o brilho do branco cintilante, embora seja vermelha, verde, amarela ou azul.

⚜ De tempos em tempos, círculos e círculos, o que tiver que ser, será. Do incomensurável ao ínfimo resta o nada. Do nada ressurgirá o *TUDO*.

⚜ Vinde, Povo Marrom! Trazei convosco a magia, o encanto e a sedução que colhestes durante séculos e séculos.

⚜ Lorenza vos espera, o reino está todo em Luz… é sinal de que um tempo foi cumprido, do começo ao fim!!!

Questionário

Respondei a vós próprios:

1 – O que fizestes de vossas vidas?

2 – Como fazer para subir os degraus da evolução?

3 – Quais são os Sete Segredos?

4 – Quais são as Sete Chaves e como usá-las?

5 – O que é *livre-arbítrio* e como usá-lo?

6 – O que é o *tempo do antes*?

7 – O que é *andar em círculos*?

8 – Por que as palavras caem como flores ou ferem como punhais? Como agir?

9 – O que significa *meio de rio*?

10 – Quando não consegues ultrapassar vossas pedras, já tentastes subir a vossa montanha?

11 – Já escolhestes vosso caminho, o que fazer e como fazer?

12 – Já ajudastes os vossos amigos e iminigos?

13 – Conseguistes tirar os espinhos de vossas rosas que não vos pertence?

14 – Conseguistes fazer alguém sorrir, todos os dias?

15 – Tivestes paciência hoje?

16 – Quando o tigre vos rodear com seu andar macio, vós sabereis como agir?

17 – Rezastes todos os dias, ao acordar e ao deitar?

18 – Quando estiverdes tristes e desanimados, o que fareis?

19 – Quando o desespero vos abraçar, para onde ireis?

20 – Conseguistes conter vossa língua, hoje?

21 – Tendes medo quando a solidão vos acompanha?

22 – Já pensastes no quanto o vosso tempo de vida é curto?

23 – Que fazeis quando um espírito combalido vos pede ajuda?

24 – Como fizestes para sair de vossos infernos particulares?

25 – Entendestes o que é a vossa Torre de Marfim?

26 – Sabeis quem sois, de onde viestes e para onde ireis?

27 – O que fareis com as bênçãos e as orações que vos dei?

28 – Depois da vossa trajetória de vida, como ficam os vossos carmas?

29 – Acreditais em Mim?

30 – Conseguis entender agora quando digo que a Mim não importa raça, credo, ricos ou pobres? O que importa é o ***SER HUMANO EM PÉ***!!!

MADRAS® Editora
CADASTRO/MALA DIRETA

Envie este cadastro preenchido e passará receber informações dos nossos lançamentos, nas áreas que determinar.

Nome _____
Endereço Residencial _____
Bairro _____ Cidade _____
Estado _____ CEP _____ Fone _____
E-mail _____
Sexo ☐ Fem. ☐ Masc. Nascimento _____
Profissão _____ Escolaridade (Nível/curso) _____

Você compra livros:
☐ livrarias ☐ feiras ☐ telefone ☐ reembolso postal
☐ outros: _____

Quais os tipos de literatura que você LÊ:
☐ jurídicos ☐ pedagogia ☐ romances ☐ técnicos
☐ esotéricos ☐ psicologia ☐ saúde ☐ religiosos
☐ outros: _____

Qual sua opinião a respeito desta obra? _____

Indique amigos que gostariam de receber a MALA DIRETA:
Nome _____
Endereço Residencial _____
Bairro _____ CEP _____ Cidade _____

Nome do LIVRO adquirido: **Crê em Mim**

MADRAS Editora Ltda.
Rua Paulo Gonçalves, 88 - Santana - 02403-020 - São Paulo - SP
Caixa Postal 12299 - 02098-970 - S.P.
Tel.: (0_ _11) 6959.1127 - Fax: (0_ _11) 6959.3090
http://www.madras.com.br

Para receber catálogos, lista de preços
e outras informações escreva para:

MADRAS®
Editora

Rua Paulo Gonçalves, 88 — Santana
02403-020 — São Paulo — SP
Tel.: (0_ _11) 6959.1127 — Fax: (0_ _11) 6959.3090
http://www.madras.com.br